Género Texto expositivo

Pregunta esencial

¿En dónde se encuentran patrones en la naturaleza?

Patrones del tiempo atmosférico

James McNaughton

Introducción

Cuando tienes un pícnic u otro evento al aire libre, probablemente verificas el pronóstico del estado del tiempo. Hoy en día es casi seguro que sea correcto.

El tiempo atmosférico es complicado, y antes era difícil de predecir. Sin embargo, las predicciones han mejorado porque ahora los científicos entienden más acerca de cómo funciona.

El calor del sol impulsa el tiempo atmosférico. El aire caliente sube y se aleja de los lugares calurosos, como el **trópico**, hacia los más fríos. El aire caliente empuja hacia abajo el aire más frío y pesado, que se mueve hacia el espacio donde estaba el aire caliente. El resultado de los movimientos de aire frío y caliente es el viento. Este viento se mueve por lo general en patrones regulares.

Los meteorólogos son científicos que estudian y buscan patrones en el tiempo atmosférico. La comprensión de estos patrones los ayuda a hacer predicciones más exactas del estado del tiempo. Los meteorólogos predicen los elementos que componen el tiempo atmosférico diario, como nubes, viento y **precipitación**. También predicen fenómenos como huracanes y tornados.

También existe un tiempo atmosférico que simplemente es raro, pues no sigue las reglas normales del viento. Tampoco sigue patrones regulares. Todavía hay mucho que debemos aprender sobre el tiempo atmosférico antes de que podamos predecirlo con total precisión.

Los huracanes ocurren anualmente en regiones tropicales y subtropicales del mundo.

Capítulo 1
Patrones atmosféricos característicos

La distribución del calor del sol en la **atmósfera** determina el tiempo atmosférico. Algunos lugares son más calientes y otros más fríos. Cuando el aire se calienta, se vuelve menos denso, así que se expande y se eleva. Entonces se mueve hacia donde está el aire frío, y este último se ve forzado a bajar. Estos movimientos de aire caliente y frío crean el viento.

Los rayos del sol son más fuertes, o calurosos, en el **ecuador.** Hacia los polos Norte y Sur se debilitan, o enfrían, porque allí llegan de manera mucho menos directa. Las masas terrestres crean regiones de aire más cálido. La tierra absorbe el calor del sol y lo libera a la atmósfera mucho más rápido que los océanos. El viento que surge de los movimientos de aire caliente y frío se da en patrones regulares que los meteorólogos pueden predecir.

Illustration: Gerad Taylor

Calor tropical intenso

La región del trópico es más calurosa porque allí la luz del sol es más directa. El aire caliente se aleja del trópico, lo cual produce viento.

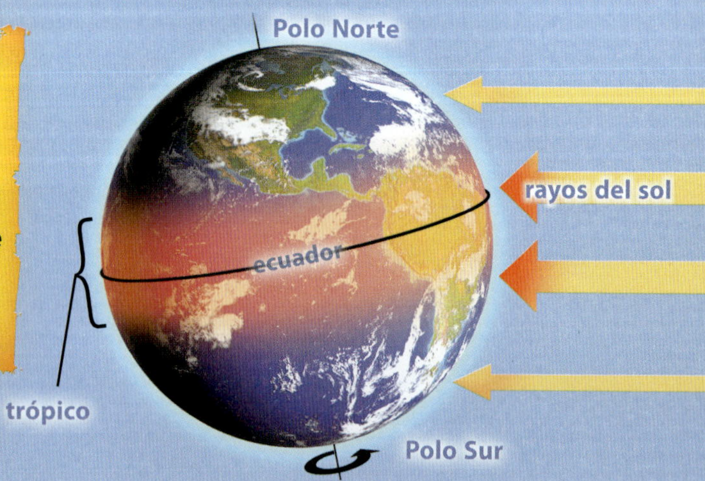

El calor del sol también se mueve mediante el proceso del ciclo del agua. Cuando el sol calienta el agua, parte de esta se **evapora** y se transforma en vapor de agua. El vapor de agua, que usualmente no es visible, sube y se enfría en la atmósfera. A medida que se enfría, se **condensa**, y forma las nubes. Finalmente, parte de esta humedad cae como lluvia, por ejemplo, y el ciclo empieza de nuevo.

La repetición de este ciclo redistribuye gran parte del calor del sol. El ciclo del agua también produce patrones regulares de tiempo atmosférico local, como la formación de nubes sobre las montañas.

El ciclo del agua

La mayor parte de la humedad de la atmósfera proviene de los océanos, aunque también se evapora de los ríos y los lagos. Una pequeña cantidad de humedad proviene de las plantas.

Illustration: Gerad Taylor

Viento prevaleciente

Dondequiera que vivas en el mundo, hay un viento prevaleciente. Un viento prevaleciente es el viento habitual en tu región. La mayor parte del tiempo atmosférico en Estados Unidos viene del oeste debido a un viento prevaleciente del oeste. ¡Es posible que no te guste este viento si vas en contra de él en tu bicicleta!

Cuando el aire cálido se mueve hacia el norte y el sur alejándose del trópico, la rotación de la Tierra hace que el viento se curve. Esto se llama el efecto Coriolis. Como resultado del efecto Coriolis, las **zonas templadas** de ambos **hemisferios** tienen vientos prevalecientes del oeste, o sea vientos que vienen del oeste.

Patrones de vientos

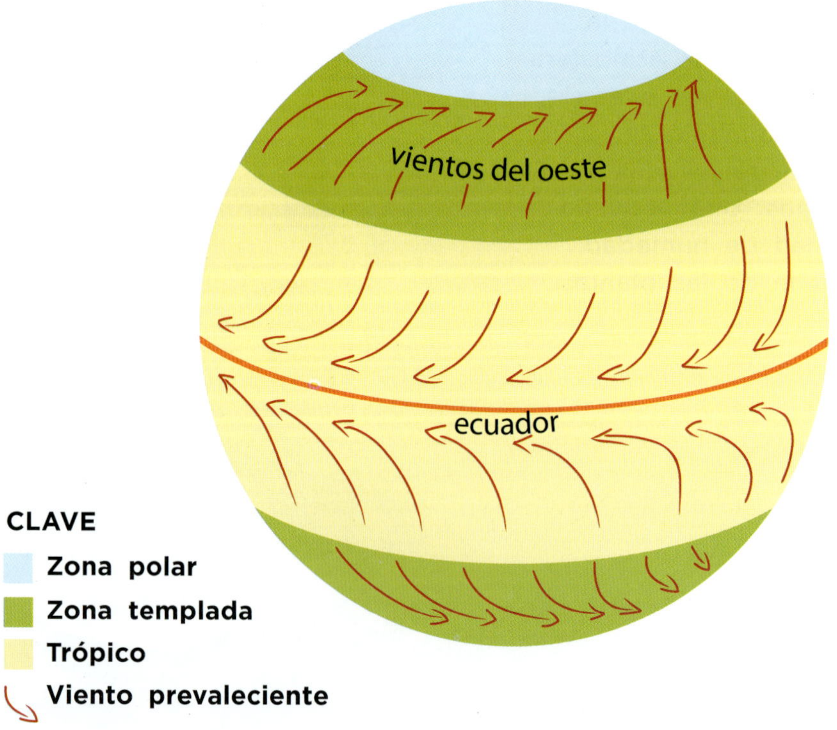

Illustration: Gerad Taylor

Los vientos prevalecientes también dependen de condiciones locales. Por ejemplo, las brisas marinas son un patrón de tiempo atmosférico regular. Suceden en días calurosos y soleados en que la tierra se calienta más rápido que el agua. Esto causa que el aire que está por encima de la tierra se caliente, suba y se extienda hacia el océano. Entonces, el aire más frío que está sobre el mar se mueve para reemplazar al aire caliente y sopla sobre la tierra como una refrescante brisa marina.

En Fremantle, Australia, hace mucho calor. Allá, a la brisa marina del verano la llaman doctor Fremantle porque ese aire fresco llega como un gran alivio.

Con frecuencia, la brisa marina empieza a soplar en la tarde. Las brisas terrestres se originan cuando la tierra se enfría más rápido que el agua. Generalmente comienzan en la noche.

Capítulo 2

Tiempo atmosférico estacional

Muchos fenómenos atmosféricos ocurren en la misma época cada año. Las estaciones siguen un patrón predecible. Si vives en una zona templada, tienes cuatro estaciones. Si vives en el trópico, solo tienes dos estaciones: seca y lluviosa. Las temporadas de monzones y huracanes surgen cuando las temperaturas estacionales, sumadas a otras circunstancias, crean las condiciones adecuadas para que ocurran.

Monzones

Estas lluvias estacionales intensas ocurren cuando los vientos prevalecientes se invierten, o cambian de dirección. Esto sucede en la India y el sudeste de Asia cuando el aire sobrecalentado que está sobre la tierra sube y arrastra aire húmedo del océano. Esto causa lluvia. ¡Mucha lluvia!

El monzón del sudeste asiático

La estación del monzón suele pasar entre junio y septiembre de cada año. En muchos lugares, estas son las únicas lluvias significativas en todo el año. Son muy importantes para la agricultura y la economía de la región. Las lluvias torrenciales y las inundaciones son comunes en la estación del monzón.

El monzón en América del Norte

La estación del monzón en América del Norte suele comenzar en la mitad del verano. El aire húmedo y cálido se mueve tierra adentro sobre el centro de México desde el Golfo de México y el Golfo de California. En las montañas del centro de México caen lluvias fuertes. Luego, el monzón se mueve hacia el norte, llevando lluvia a Estados Unidos, sobre Arizona, Nuevo México y Texas.

Esta lluvia es la fuente principal de agua para el desierto de la región, así que es muy importante para la vida. Los bomberos también agradecen la ayuda de las lluvias monzónicas. La región del Sudoeste es tan seca que los incendios son muy comunes.

Cómo funciona el monzón de América del Norte

Al igual que sucede con el monzón del sudeste asiático, el aire caliente que sube arrastra aire más frío y húmedo del océano y origina el monzón de América del Norte.

Illustration: Gerad Taylor

Huracanes y tornados

Hay otros patrones regulares del tiempo atmosférico que no son útiles como los monzones. Los huracanes y los tornados pueden causar un daño enorme a las estructuras hechas por el hombre, e incluso pueden generar muerte. Estas tormentas se pueden predecir hasta cierto punto, pues tienen temporadas y ubicaciones características.

La temporada de huracanes del Atlántico se da entre junio y finales de noviembre. Durante esa época, el aire caliente que sube se suma al agua cálida del océano para crear los huracanes.

Huracanes, tifones y ciclones tropicales son lo mismo: su nombre cambia en diferentes partes del mundo.

Los tornados ocurren sobre la tierra y no sobre el agua. Al igual que los huracanes, se forman por el aire caliente y húmedo. Los estados de la región conocida como *Tornado Alley* experimentan más tornados, los cuales suceden durante el cambio de la primavera al verano.

Los tornados se forman cuando el aire seco proveniente de Canadá y las montañas Rocosas se encuentra con el aire cálido y húmedo del Golfo de México más el aire caliente y seco proveniente del desierto de Sonora. Estos tres patrones de viento se juntan para formar tormentas eléctricas y una atmósfera inestable. Estas condiciones también crean tornados.

Detective del lenguaje **¿Por qué las palabras subrayadas están escritas con minúscula?**

Una comparación entre huracanes y tornados

Huracanes

Son fuertes tormentas tropicales que se forman sobre agua cálida. Los vientos huracanados pueden sobrepasar las 150 millas por hora. Giran en una espiral grande alrededor de un centro conocido como el "ojo". El tamaño de la tormenta tiene un diámetro de 25 a 600 millas (40 a 965 kilómetros). Los huracanes pueden durar varios días o más de dos semanas.

Tornados

Son tormentas de viento violentas caracterizadas por tener una nube girando en forma de embudo. Se originan después de una tormenta eléctrica. Los vientos de un tornado pueden correr a 320 mph. En el centro hay un ojo de aire que gira hacia abajo rodeado por una corriente ascendente. Los tornados son más pequeños que los huracanes, pero pueden levantar casas y arrancar árboles del suelo. Generalmente duran menos de diez minutos.

Capítulo 3
Tiempo atmosférico raro

Algunos tipos de tiempo atmosférico pueden considerarse raros porque no siguen las reglas o los patrones habituales.

Vientos catabáticos

Los vientos catabáticos (del griego *katabaino*, que significa ir hacia abajo) son frecuentes y predecibles en ciertas regiones, y se consideran extraños porque no ocurren debido a los movimientos de aire caliente y aire frío, que son la causa de la mayoría de los vientos. Son originados por la gravedad. Ocurren cuando el aire frío "cae" por una pendiente. Son más comunes en las **zonas polares**, especialmente en Groenlandia y la Antártida. Allí, el aire frío se acumula en planicies elevadas y congeladas, y luego se "desliza" cuesta abajo hacia el océano.

El aire frío se vuelve más denso cuando hace contacto con la nieve y el hielo. Los vientos catabáticos alcanzan velocidades de hasta 150 millas por hora. Incluso, pueden erosionar las piedras a su paso.

Los vientos catabáticos son inusuales y solo ocurren en pocos lugares de la Tierra.

Un viento catabático muy diferente es el de Santa Ana, en California. Este se genera cuando el aire frío proveniente de la Gran Cuenca, el desierto que está alto entre las montañas Rocosas y la cordillera de la Sierra Nevada, baja por la pendiente de la Sierra Nevada. El viento se calienta más y más en su camino hacia el sur de la costa de California. El viento de Santa Ana sopla durante la estación seca, lo que lo hace peligroso porque contribuye a la propagación de incendios forestales.

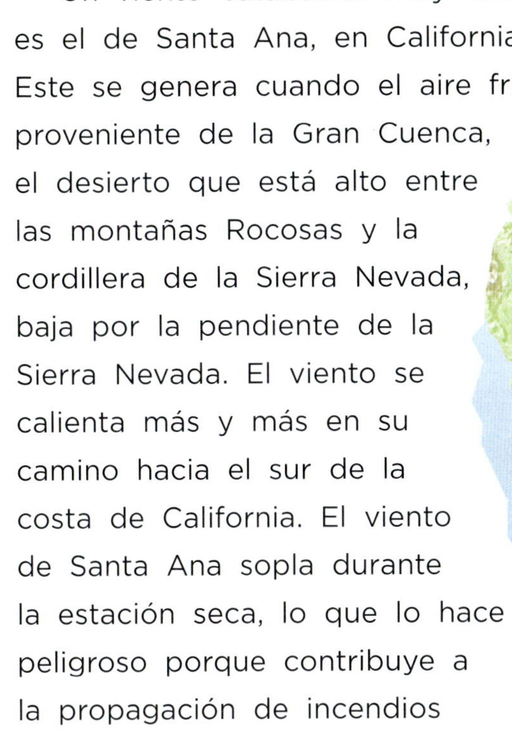

El viento de Santa Ana ayuda a que los incendios se propaguen. Es muy peligroso cuando esto pasa porque el fuego ocurre en regiones muy pobladas.

El Niño

Otro ejemplo de tiempo atmosférico raro es El Niño, un suceso meteorológico importante y complicado. A veces se da cada dos años. También puede haber siete años entre uno y otro. Hasta ahora, los científicos han sido incapaces de predecirlo. Durante un ciclo de El Niño, el agua del océano Pacífico a lo largo de la costa norte de América del Sur se calienta, lo cual cambia las corrientes oceánicas habituales. El agua cálida del océano también es un factor que cambia los patrones habituales del tiempo atmosférico.

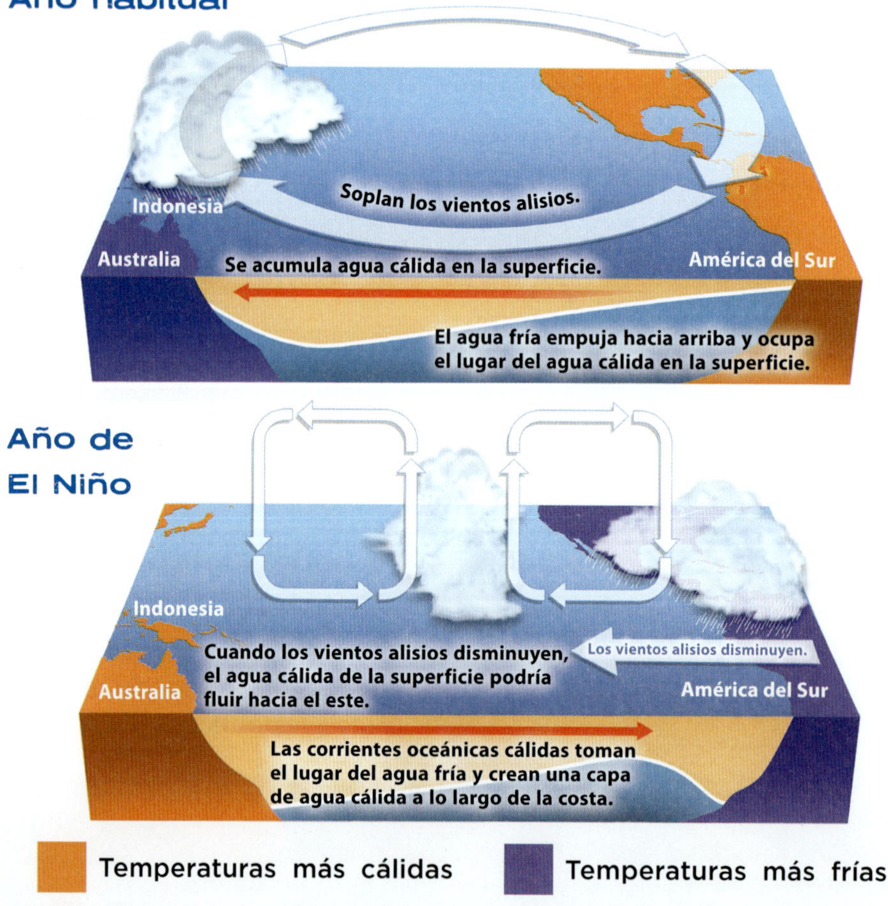

Illustration: Gerad Taylor

El Niño puede invertir los patrones atmosféricos prevalecientes. Los lugares secos de América del Sur se podrían inundar. Las regiones húmedas del Pacífico, como Indonesia y Australia, podrían experimentar sequías. Regiones como California o Washington podrían tener inviernos muy fríos.

El impacto de El Niño depende del aumento de la temperatura del océano. Un aumento pequeño, de aproximadamente 4 o 5 grados Fahrenheit, resultará en un efecto de poca gravedad. Un aumento grande (14 a 18 grados Fahrenheit) causa cambios drásticos en el tiempo atmosférico de todo el planeta.

Detective del lenguaje **Conjuga en pretérito imperfecto el verbo subrayado.**

Un aumento pequeño de la temperatura del agua en el este del océano Pacífico puede tener consecuencias de largo alcance, como una sequía prolongada y terrible en Australia.

Conclusión

El estudio de los patrones en el tiempo atmosférico nos permite comprender y predecir mejor el estado del tiempo. En la antigüedad se creía que el viento era el aliento de los dioses. Ahora sabemos que es producto del efecto del calor del sol en la atmósfera. El viento sopla de maneras predecibles y entendemos por qué hay vientos prevalecientes. También entendemos la manera en que el ciclo del agua redistribuye el calor.

El tiempo atmosférico raro es más difícil de entender porque no tiene patrones predecibles. Los vientos catabáticos son el resultado de aire frío que se desliza cuesta abajo debido a la gravedad.

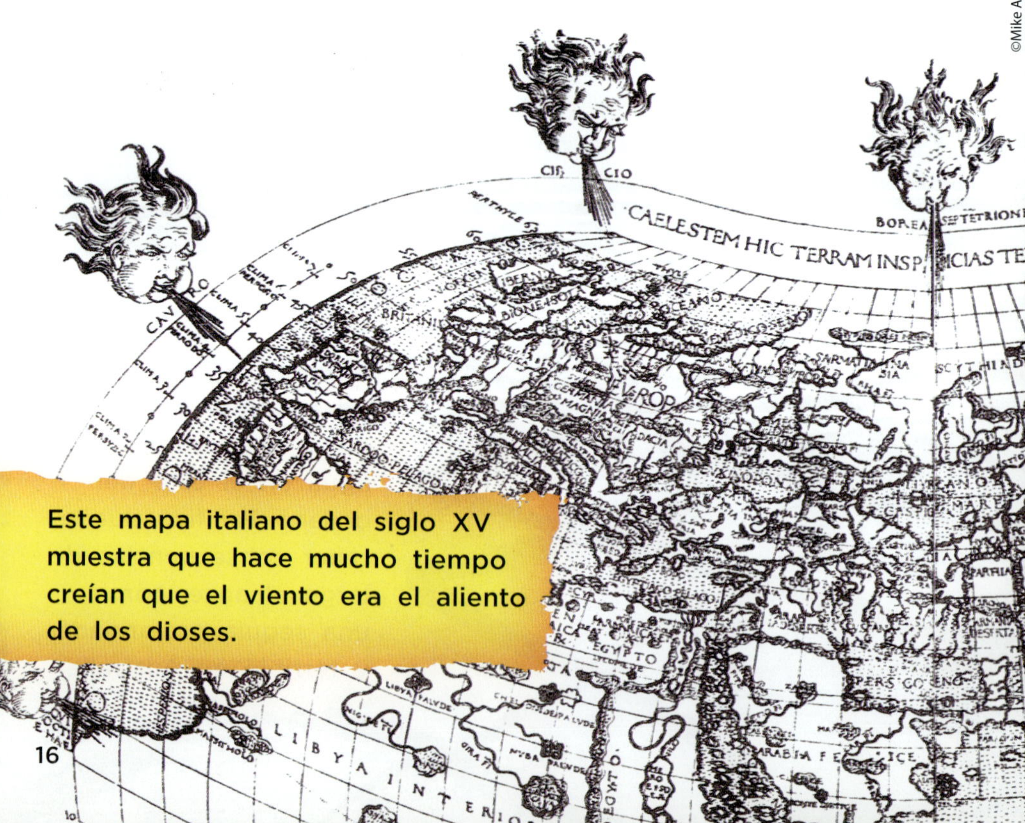

Este mapa italiano del siglo XV muestra que hace mucho tiempo creían que el viento era el aliento de los dioses.

El Niño es tan grande y complejo que no lo entendemos completamente. Sabemos que un cambio en la temperatura de un lugar en el océano Pacífico podría tener un gran efecto sobre el tiempo atmosférico de zonas lejanas.

Hoy, los satélites meteorológicos dan un panorama más claro de lo que ocurre. Los meteorólogos del mundo trabajan juntos para descifrar patrones atmosféricos globales. Aunque hoy en día los meteorólogos son mejores en la predicción del tiempo atmosférico, aún pueden equivocarse. Hemos recorrido un largo trecho, pero siempre habrá más para aprender.

Los satélites meteorológicos toman fotografías de la Tierra a grandes alturas para que podamos ver lo que ocurre con el tiempo atmosférico en todo el mundo.

Resumir

Usa detalles clave del texto para resumir lo que aprendiste acerca de los patrones del tiempo atmosférico. Usa el organizador gráfico como ayuda.

Idea principal
Detalle
Detalle
Detalle

Evidencia en el texto

1. ¿Qué evidencia puedes usar para demostrar que *Patrones del tiempo atmosférico* es un texto expositivo? **GÉNERO**

2. ¿Cuál es la idea principal del primer párrafo de la página 9? Da detalles clave que sustenten tu respuesta. **IDEA PRINCIPAL Y DETALLES CLAVE**

3. La palabra *ciclones* en la página 10 contiene la raíz griega *ciclo*, que significa "círculo en movimiento". Según esta información y las claves de contexto, ¿qué significa la palabra *ciclón*? **RAÍCES GRIEGAS**

4. La idea principal del primer párrafo de la página 15 es que *El Niño cambia los patrones normales del tiempo atmosférico*. Explica por qué esta es la idea principal. **ESCRIBIR SOBRE LA LECTURA**

Género Texto expositivo

Compara los textos

Lee acerca de cómo se han usado los patrones de las nubes para predecir el tiempo atmosférico.

Atlas de las nubes

Desde hace miles de años se han usado las nubes para predecir el estado del tiempo. Sin embargo, su naturaleza y su formación permanecieron como un misterio por mucho tiempo.

En 1803, un inglés llamado Luke Howard sugirió que los tipos de nubes eran unos pocos. Otros habían creído que eran miles porque las nubes siempre lucen diferentes. Howard vio un patrón que nadie había visto antes, y dijo que eran unas pocas familias de nubes. Las nombró *cirrus* (latín para rizo de cabello), *cumulus* (latín para montón) y *stratus* (latín para capa). Esta idea cambió la meteorología para siempre.

cirros

cúmulos

estratos

(t) David Chapman/Design Pics, (c) Stockbyte/Getty Images, (b) Jeremy Woodhouse/Stockbyte/Getty Images

Howard agrupó las nubes en tres categorías según su altitud. Cirrus, o cirro, describe tanto un tipo de nube como una altitud (la mayor). Stratus, o estrato, es otro tipo de nube y también es el nivel de menor altitud. *Alto* indica las nubes del medio.

El sistema también incluye nombres como *nimbus*, o nimbo, que son nubes de lluvia. Con la mezcla de nombres en latín o en español puedes describir muchas nubes diferentes.

Las nubes son muy útiles en la predicción del tiempo atmosférico. La precipitación significativa viene, usualmente, de nubes nimboestratos y cumulonimbos. Las cúmulos pueden causar chaparrones; y las estratos, lloviznas. Las cirros están formadas por partículas de hielo.

Las nubes cumulonimbos son únicas ya que se pueden ubicar en cualquiera de los tres niveles de nubes.

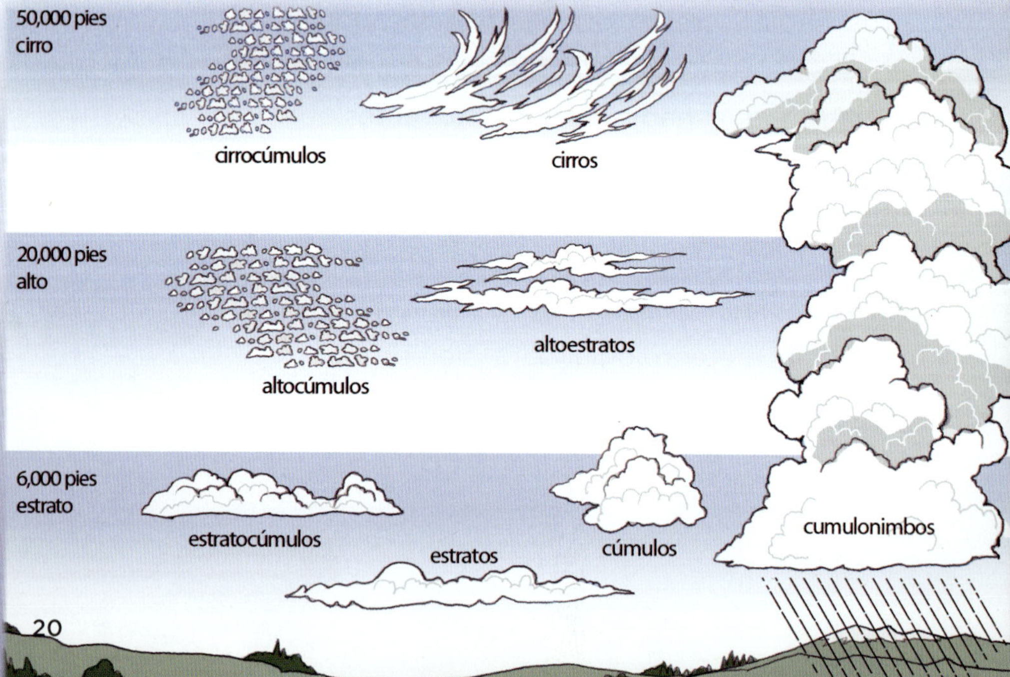

Illustration: Gerad Taylor

Antes de la invención del telégrafo, los patrones de nubes solo podían usarse para predecir el tiempo atmosférico local. El telégrafo permitió que las descripciones de las nubes y las predicciones del tiempo correspondientes fueran enviadas con rapidez a muchas más personas fuera del área.

Habría sido muy confuso si cada persona hubiera dado su propia descripción de las nubes. Gracias a que todos usaron un atlas estándar basado en el sistema de Howard, fue posible identificar las nubes con claridad. A pesar de la distancia, se pudo saber exactamente los tipos de nubes descritas, y la meteorología se hizo una ciencia más exacta.

Luke Howard fue un químico que tenía interés en el tiempo atmosférico. Su uso de nombres en latín, el idioma de la ciencia, ayudó a que su sistema de clasificación de las nubes tuviera impacto mundial.

Haz conexiones

¿Cómo ayudó la invención del telégrafo a predecir el tiempo atmosférico? **PREGUNTA ESENCIAL**

¿Cómo se han usado los patrones de las nubes y de las estaciones para entender el tiempo atmosférico? **EL TEXTO Y OTROS TEXTOS**

Glosario

atmósfera capa de gases que rodea a un planeta ***(página 4)***

condensar convertir un gas en líquido; por ejemplo, cuando el vapor de agua se convierte en agua líquida ***(página 5)***

ecuador línea imaginaria que se dibuja en el punto medio entre los polos, la cual divide la Tierra en los hemisferios norte y sur ***(página 4)***

evaporar convertir un líquido en gas; por ejemplo, cuando el agua líquida se transforma en vapor ***(página 5)***

hemisferios mitades norte y sur de la Tierra, divididas por el ecuador ***(página 6)***

precipitación agua que cae de las nubes en cualquier forma; por ejemplo, lluvia, nieve y granizo ***(página 2)***

torrencial que cae rápido y en grandes cantidades ***(página 8)***

trópico zona alrededor del ecuador que está más cerca del Sol, y en la que el clima usualmente es caluroso ***(página 2)***

zonas polares las dos zonas de la Tierra ubicadas en los polos Norte y Sur, y donde el clima es extremadamente frío ***(página 12)***

zonas templadas las dos zonas de la Tierra ubicadas aproximadamente a mitad de camino entre el trópico y los polos ***(página 6)***

Índice

Enfoque:
Ciencias

Propósito Mostrar cómo influye el aire caliente en el tiempo atmosférico

Procedimiento

Paso 1 Corta un círculo de papel, y luego corta el círculo para formar una espiral.

Paso 2 Amarra un trozo de cordón o hilo a un extremo de la espiral.

Paso 3 Pide a tu maestro o maestra que encienda una fuente de calor, como una lámpara. Con cuidado, sostén o cuelga la espiral a aproximadamente 12 pulgadas por encima de la fuente de calor.

Paso 4 Describe lo que hace la espiral. Apaga la fuente de calor, pero sigue sosteniendo tu espiral sobre ella. Observa lo que ocurre.

Conclusión Así como el sol produce calor, la fuente de calor también lo hace. Cuando el aire se calienta, por el sol o por otra fuente de calor, algo ocurre. ¿Qué ocurrió mientras sostenías la espiral sobre la fuente de calor? ¿Qué ocurrió cuando apagaste la fuente de calor? ¿Cómo se relaciona esta actividad con lo que aprendiste sobre el tiempo atmosférico?